D0683920

LE PETIT LIVRE DES
PROVERBES

BIBLIOTHÈQUE
Collège du Sacré-Coeur
Association coopérative
155 Nord, Rue Belvedère
Sherbrooke, Qué.
J1H 4A7

Kenaan - Roy

Jean Gastaldi

Le Petit Livre des PROVERBES

ÉDITIONS DU
ROCHER
Jean-Paul Bertrand

Tous droits de traduction, de reproduction et d'adaptation réservés pour tous pays.

© Éditions du Rocher, 2000.

ISBN 2 268 03490 9

Les proverbes sont comme des sentences de vie. Leur bon sens a traversé le temps et nous invite à la réflexion afin de méditer sur des textes dont on peut faire tous les jours notre profit.

Chaque phrase est soulignée par un mot-clé qui se trouve répertorié sous forme d'index à la fin du livre.

Il appartient à chacun de trouver les liens qui unissent ces maximes forgées par l'expérience et la sagesse.

*h*onni soit qui mal y pense.

Dis-moi qui tu fréquentes,
je te dirai qui tu es.

Rien ne sert de courir,
il faut partir à point.

Ne remets pas à demain
ce que tu peux faire
le jour même.

l'espoir fait vivre.

tant qu'il y a de la vie,
il y a de l'espoir.

Abondance de biens
ne nuit pas.

Il ne faut pas courir
deux lièvres à la fois.

Qui ne risque rien n'a rien.

On ne peut perdre
que ce que l'on a.

Prêter argent fait perdre la mémoire.

Ce que tu fais te fait.

Préservez-moi de mes amis,
mes ennemis je m'en charge.

On quittera cette terre
sans bagage.

Les pensées
ne paient pas d'impôt.

Qui rit aujourd'hui
demain pleurera.

25

On revient toujours
à ses premières amours.

qui a bu boira.

*a*mis
valent mieux qu'argent.

Le meilleur médecin
est la marmite.

La vie est un oignon ;
on pleure en le pelant.

Quand il y a de
la place dans le cœur,
il y en a dans la maison.

Ce sont les événements qui commandent aux hommes et non les hommes qui commandent aux événements.

Quand le vin est tiré,
il faut le boire.

Souvent femme varie.

Qui trop embrasse
mal étreint.

La raison du plus fort est toujours la meilleure.

Il vaut mieux faire envie que pitié.

37

Les chiens aboient,
la caravane passe.

Les morts ont toujours tort.

Quand on veut tuer
son chien,
on dit qu'il a la rage.

La parole est d'argent
mais le silence est d'or.

Après la pluie,
le beau temps.

Il faut toujours avoir
les moyens de ses ambitions.

Chat échaudé craint l'eau froide.

l'exactitude
est la politesse des rois.

Celui qui ne sait pas parle,
et celui qui sait se tait.

dette de jeu,
dette d'honneur.

Selon que vous serez puissant ou misérable, les jugements de cour seront blancs ou noirs.

Patience et longueur
de temps font mieux
que force et que rage.

Si tu veux voyager loin,
ménage ta monture.

50

Si tu veux la paix,
prépare la guerre.

l'habit ne fait pas le moine.

La fortune sourit
aux audacieux.

à bon entendeur, salut.

Qui perd gagne.

La pomme du matin
tue le médecin.

Le lierre meurt
où il s'attache.

à quelque chose
malheur est bon.

l'espoir fait vivre.

Il y a un commencement à tout.

Pour être aimé,
il faut aimer.

Il n'y a que le premier pas qui coûte.

Un fou avise bien un sage.

Charbonnier est maître chez soi.

Les savants font l'almanach
et Dieu fait le temps.

*t*out chemin commence
par un premier pas.

l'honneur perdu
ne se retrouve plus.

Chacun prend son plaisir où il peut.

Âne affamé
ne se soucie pas des coups.

La nuit porte conseil.

Avant de parler,
il faut tourner sept fois
la langue dans sa bouche.

Prenez le temps
comme il vient,
le vent comme il souffle,
la femme comme elle est.

Philosopher c'est douter.

Ventre vide
n'a pas d'humeur.

Qui vole un œuf
vole un bœuf.

trop de sagesse rend fou.

On creuse sa tombe
avec ses dents.

On n'apprend pas
à un vieux singe
à faire des grimaces.

La conviction est la conscience de l'esprit.

*A*ide-toi, le ciel t'aidera.

Un mauvais arrangement
vaut mieux
qu'un bon procès.

Un tiens vaut mieux
que deux tu l'auras.

Qui casse les verres les paie.

La fortune est aveugle.

à beau chat, beau rat.

Qui dort dîne.

On ne peut suivre
plusieurs maîtres à la fois.

Il faut plutôt aller à la porte
d'un plaignard
que d'un vantard.

Ce que femme veut,
Dieu le veut.

Les bons livres
font les bons amis.

Les hommes meurent de
leurs remèdes
et non de leurs maladies.

Le moi est haïssable.

*l*e rire
est le propre de l'homme.

Le cœur a ses raisons
que la raison ne connaît pas.

C'est au pied du mur
que l'on voit le maçon.

tel père, tel fils.

Les absents ont toujours tort.

Les grandes douleurs
sont toujours muettes.

Les premiers
seront les derniers.

Quand le chat n'est pas là,
les souris dansent.

En faisant le mal
ne t'attends pas au bien.

*A*voir des amis,
c'est être riche.

Où il y a de la gêne,
il n'y a pas de plaisir.

C'est jeune et ça ne sait pas.

faire contre mauvaise fortune bon cœur.

La critique est aisée
et l'art est difficile.

Chassez le naturel,
il revient au galop.

Il ne faut pas mettre
la charrue avant les bœufs.

à chaque jour
suffit sa peine.

Les amoureux vivent
d'amour et d'eau fraîche.

Qui veut faire l'ange
fait la bête.

111

On ne juge pas l'arbre
à son écorce.

l'argent
ne fait pas le bonheur.

Il ne suffit pas d'écouter,
il faut savoir entendre.

tant va la cruche à l'eau
qu'à la fin elle se casse.

à cœur vaillant rien d'impossible.

Les petits ruisseaux
font les grandes rivières.

Plus on est de fous,
plus on rit.

Pierre qui roule
n'amasse pas mousse.

La foi
soulève les montagnes.

L'enfer est pavé
de bonnes intentions.

Plus on est nombreux
plus on crie dans le désert.

l'homme
ne vit pas seulement de pain.

faites cc que je dis
mais ne faites pas
ce que je fais.

Charité bien ordonnée
commence par soi-même.

L'homme façonne son propre malheur.

Si tu veux être apprécié,
meurs ou voyage.

On voit la paille
dans l'œil de son voisin,
mais on ne voit pas la poutre
qui est dans le sien.

Si l'art ne nous fait pas vivre, vivre est tout un art.

C'est dans les vieux pots
qu'on prépare
les meilleures soupes.

La raison du plus fort
est toujours la meilleure.

On juge les effets,
rarement les causes.

Il ne faut pas mettre
tous ses œufs
dans le même panier.

Il est préférable d'être né de la cuisse de Jupiter.

Pour vivre heureux,
vivons cachés.

La fin justifie les moyens.

Celui qui n'a pas
de mémoire doit avoir
des jambes.

Il n'y a pas de rose
sans épines.

Il n'est pire sourd que celui qui ne veut pas entendre.

Grand nez n'a jamais gâté beau visage.

Qui fait le bien
trouve le bien.

index

Absents, 96
affamé, 68
aide, 79
aimer, 60
ambitions, 42
amis, 21, 27, 101
amoureux, 109
amours, 25
ange, 110
apprécié, 126
argent 19, 112
attache (s'), 56
audacieux, 52

Bagage, 22
beau, 84
beau temps, 41
bien, 140
biens, 15
bu, 26

Casse, 82
causes, 131
charité, 124
charrue, 107
chat, 99
chemin, 65
cœur, 30, 115
commencement, 59
conviction, 78
courir, 11, 16
craint, 43
crie, 121
critique, 105

Demain, 12
dents, 76
dort, 85
douleurs, 97

Embrasse, 34
enfer, 120

entendeur, 53
entendre, 113
envie, 36
espoir, 13, 58
événements, 31
exactitude, 44

Fais, 20
faites, 123
femme, 33, 71, 88
fils, 95
fin, 135
foi, 119
fort, 35, 130
fortune, 83, 104
fou, 62
fréquentes, 10

Gêne, 102
grimaces, 77

Habit, 51
homme, 122
honneur, 46, 66

Jeune, 103
jour, 108
juge, 111
jugements, 47

Livres, 89

Maître, 63
maîtres, 86
mal, 100
malheur, 57, 125
médecin, 28
mémoire, 136
moi, 91
morts, 38

Naturel, 106
né, 133
nez, 139
nuit, 69

Œufs, 132

Paille, 127
paix, 50

parler, 70
passe, 37
patience, 48
pensées, 23
perd, 54
perdre, 18
père, 95
petits, 116
philosopher, 72
pied du mur, 94
pierre, 118
plaisir, 67
pleure, 29
pomme, 55
porte, 87
premier pas, 61
premiers, 98
procès, 80

Raison, 93
remèdes, 90
rien, 17
rire, 92
rit, 24, 117
rose, 137

Sage, 62
sagesse, 75
sait, 45
savants, 64
silence, 40
sourd, 138

Tiré, 32
tuer, 39

Un, 81

Vide, 73
vie, 14
vieux, 129
vin, 114
vivre, 128, 134
vole, 74
voyager, 49

BIBLIOTHÈQUE
Collège du Sacré-Coeur
Association coopérative
155 Nord, Rue Belvedère
Sherbrooke, Qué
J1H 4A7

IMPRIMÉ EN FRANCE PAR BRODARD ET TAUPIN
1823X - La Flèche (Sarthe), le 10-01-2000
Dépôt légal : janvier 2000